CONSEIL GÉNÉRAL DE LA LOIRE-INFÉRIEURE.

SESSION D'AOUT 1888.

Services de la Loire (4e Section), du Canal maritime de la Basse-Loire, du Port de Nantes et Ports maritimes au Sud de la Loire.

RAPPORT

DE M. L'INGÉNIEUR EN CHEF

NANTES,
Mme Ve CAMILLE MELLINET, IMPRIMEUR,
Place du Pilori, 5.
L. MELLINET ET Cie, succrs.

1888

SERVICES DE LA LOIRE (4e SECTION), DU CANAL MARITIME DE LA BASSE-LOIRE, DU PORT DE NANTES ET PORTS MARITIMES AU SUD DE LA LOIRE.

Rapport de M. l'Ingénieur en chef

SUR LA SITUATION DU SERVICE.

Le service comprend :

1° La navigation de la Loire (4e section) ;
2° Les ports maritimes de Nantes et de Paimbœuf ;
3° Le canal maritime de la Basse-Loire ;
4° Les travaux d'amélioration de la vallée de l'Achenau ;
5° Les ports maritimes au sud de la Loire ;
6° Les travaux d'amélioration des marais de Machecoul et de l'embouchure du Dain.

1° Navigation de la Loire (4e section).

La 4e section de la Loire commence à Nantes, en tête de la prairie de la Madeleine et du canal Saint-Félix, sur les bras nord et à la ligne des ponts sur les autres bras. Elle se termine à la ligne qui joint Paimbœuf à Donges.

Les ports de Nantes et de Paimbœuf sont dotés d'un crédit spécial.

TRAVAUX D'ENTRETIEN.

Le crédit alloué en 1888 pour l'entretien de la Loire (4e section) est de 95,000 fr.; il doit être employé principalement :

1° A l'entretien du port de Nantes (partie en amont de la ligne des ponts), réparation des ouvrages d'art, dragages aux pieds des murs de quais, pavages, etc.

Les dépenses relatives aux pavages sont supportées sur certains quais par l'Etat seul ; elles sont réparties également entre la ville et l'Etat sur les autres ;

2° A l'entretien des bouées et balises qui signalent le chenal suivi par la navigation ; à l'enlèvement des écueils ; au sauvetage des navires coulés que l'Etat est quelquefois obligé d'effectuer en régie ;

3° A l'éclairage des passes pendant la nuit ;

4° Aux réparations à faire aux digues submersibles et aux ouvrages des petits ports riverains ;

5° Aux frais d'études et des sondages du chenal ;

6° A l'établissement des enrochements et des perrés destinés à protéger les produits des dragages mis en dépôt sur les rives du fleuve.

ECLAIRAGE ET BALISAGE.

Les anciennes lanternes à verres plats, employées pour les feux de toute la partie endiguée et pour quelques-uns de la partie en aval des digues, ont été partout remplacées par des fanaux lenticulaires.

De plus, cinq nouveaux feux ont été installés, savoir :

1° Deux feux d'alignement sur l'île Binet ;

2° Deux feux d'alignement sur l'île Thérèse ;

3° Un feu rouge à la queue de l'île Mabon, à l'entrée du port de Nantes.

Enfin, les bouées des passes de l'île Calotte et de Pierre-Rouge, au nombre de trois, ont été remplacées par quatre nouvelles bouées à fuseau, beaucoup plus visibles.

TRAVAUX D'AMÉLIORATION SUR RESSOURCES EXTRAORDINAIRES.

Dragages exécutés entre Nantes et Paimbœuf pour l'amélioration du chenal de navigation. — Avant 1877, la profondeur d'eau sur les passes les plus élevées qui était en général réduite à 3m,60 après les crues, descendait même à 3m,20 à la suite de la grande crue de 1872 à 1873, au commencement du printemps de 1873. Les chenaux, d'autre part, étaient fort étroits, et les navires à la moindre fausse manœuvre étaient exposés à rester échoués sur les bancs voisins. Les crédits annuels consacrés aux dragages variaient à cette époque de 30,000 à 70,000 fr. et assuraient à peine un fond de 4m,30 à la fin de la campagne.

L'extension donnée aux dragages dans ces dernières années a eu pour résultat d'améliorer beaucoup cette situation. Les chenaux, qui n'avaient que 40 ou 50 mètres de large, ont été portés à 80 mètres. D'autre part, le matériel devenu beaucoup plus puissant, a permis d'arrêter rapidement les seuils élevés qui se forment pendant les crues, en sorte que chaque année, dès la fin d'avril, les profondeurs atteignent partout 4m,50, c'est-à-dire sont supérieures à celles qu'on obtenait autrefois à la fin de chaque campagne.

Lorsque ce premier déblaiement est terminé, les dragues creusent une nouvelle fouille et la descendent à la cote $4^m,70$; on maintient ensuite ce niveau pendant toute l'année.

On a pu obtenir depuis quelques années, sans augmentation de crédits, une profondeur de $4^m,80$.

Les dragages sont principalement effectués dans la section située en aval des digues. De Nantes à la Martinière, la profondeur moyenne dépasse en général 6 mètres ; il existe quelques hauts fonds situés sur les parties défectueuses ou incomplètes de l'endiguement, mais il reste sur ces hauts fonds plus de $4^m,60$, de sorte que ce n'est que très exceptionnellement qu'il est nécessaire de les attaquer avec la drague.

Dans le port de Nantes, d'importants dragages deviennent nécessaires en raison de l'accroissement du tonnage qui a été la conséquence des améliorations réalisées à l'aval.

Campagne de 1887. — Le crédit consacré aux dragages, en 1887, a atteint 345,000 fr.

Les principaux dragages ont été exécutés sur les passes de l'île Calotte à Belle-Ile, de Pierre-Rouge, de la Maréchale, du milieu du Pineau, du Pineau à Belle-Ile, de Couëron, de la Folie, et dans le port de Nantes.

La navigabilité de la Loire en 1887 a été satisfaisante ; le tirant d'eau minimum à haute mer de vive eau a été de $4^m,40$ et le tirant d'eau moyen, $4^m,75$.

Campagne de 1888. — Les désordres produits par les crues de l'hiver 1887-1888 ont été réparés. Actuellement, la profondeur de $4^m,80$ est atteinte sur presque toutes les passes et le crédit de 300,000 fr. qui est alloué, paraît suffisant pour la maintenir.

PASSAGES D'EAU.

Il existe cinq passages d'eau sur la 4e section de la Loire : ce sont :

1° Les passages de l'île Durand et de la Piperie, dans le port de Nantes, gérés au compte de l'Etat ;

2° Les passages de Basse-Indre à Indret, de Port-Launay au Pellerin et de Donges à Paimbœuf. Ce dernier passage et celui de Saint-Nazaire à Mindin, situé dans un autre service, font l'objet d'une concession unique et sont ainsi que les deux précédents gérés au compte du département.

Tous ces passages sont desservis par des bacs à vapeur. Les bacs de Basse-Indre et du Pellerin remorquent des charrières pour voitures et bestiaux.

Un sixième passage pour piétons a été autorisé sur le canal Saint-Félix, entre les quais Malakoff et Ferdinand Favre, à Nantes, par décision ministérielle en date du

18 août 1886. Une tentative d'adjudication, qui a eu lieu le 23 octobre 1886, n'a pas donné de résultats.

A la suite d'une nouvelle adjudication qui a eu lieu le 11 décembre 1886, le sieur Gaillard a été déclaré adjudicataire du passage moyennant la somme annuelle de 11 fr.

Mais les fermiers ne pouvant se soumettre à toutes les prescriptions du cahier des charges, à cause de la faiblesse des recettes de ce bac, viennent de demander au Préfet de la Loire-Inférieure la résiliation de leur bail.

Ce passage est desservi simplement par un bateau à rames.

Bacs de l'Etat. — Pendant plusieurs années, le Conseil général de la Loire-Inférieure a émis le vœu que, lors du renouvellement des baux existant, les deux bacs de l'Etat jouissent de la gratuité. A la suite d'un rapport dans lequel nous avons établi que cette gratuité entraînerait pour l'Etat une charge annuelle de plus de 40,000 fr., M. le Ministre des Finances, par une décision du 3 mars 1887, a fait connaître qu'il n'était pas possible d'accéder au vœu du Conseil général.

Bacs du département. — Le bail des passages d'eau d'Indret et du Pellerin est renouvelé depuis le 1er janvier 1885. Le service fonctionne dans de bonnes conditions sur les nouvelles bases admises par le Conseil général dans sa session d'août 1885.

Le bail des passages de Paimbœuf-Donges et de Saint-Nazaire-Mindin a été renouvelé le 18 novembre 1885. D'importantes modifications ont été introduites dans le cahier des charges et approuvées par le Conseil général. Le nouveau service a commencé le 16 juin 1886.

Le seul passage d'eau compris entièrement dans notre service est celui de Paimbœuf à Donges. Jusqu'à l'année dernière, il était desservi par un bateau à vapeur dont le tirant d'eau est supérieur à celui de 1m10, prévu au cahier des charges ; il en résultait que de temps en temps les voyages se trouvaient retardés et quelquefois même supprimés à cause du faible tirant d'eau disponible sur les bancs de sable qui existent entre Paimbœuf et Donges. Mais le fermier a été forcé de construire un nouveau bateau suivant les prescriptions d'une Commission réunie à cet effet ; ce bateau, mis en service en juin 1887, a, depuis lors, régulièrement effectué tous les passages prescrits.

PÊCHE. — ORGANISATION. — RÉGLEMENTATION.

La 4e section de la Loire est entièrement comprise dans les limites de l'inscription maritime ; le droit de pêche n'y est pas amodié, il appartient aux marins inscrits. Les règlements sur la pêche fluviale ne sont applicables à cette section que jusqu'au point fixé comme limite de la

B

salure des eaux, au Migron, à 29 kilomètres en aval de Nantes.

Jusqu'à la fin de 1887, un seul garde, en même temps attaché aux affluents de la rive gauche, a surveillé, concurremment avec les agents de la marine, cette partie du fleuve. Depuis le 1er janvier 1888, cet agent, suivant les ordres qu'il a reçus des Ingénieurs du service ordinaire, ne fait plus aucune tournée en Loire. Nous n'avons donc actuellement aucun moyen d'exercer une surveillance effective sur la pêche.

Nous avons demandé, par rapport du 1er mars dernier, que deux gardes fussent attachés spécialement à notre service Par décision du 9 avril 1888, M. le Ministre des Travaux publics a prescrit d'assurer la surveillance de la pêche au moyen des cantonniers-allumeurs, les ressources budgétaires ne permettant pas actuellement de faire des nominations de garde-pêche. Nous avons le 12 mai 1888, formulé des propositions dans ce sens, mais en contestant l'efficacité des mesures prises.

Le règlement local pour la pêche, en 1887, est le même que celui de 1886.

Dans sa séance du 2 septembre 1887, le Conseil général de la Loire Inférieure a renouvelé un vœu déjà émis les années précédentes et tendant à ce que la pêche du saumon ne soit soumise à aucune interdiction dans le département, et que, provisoirement du moins, elle soit tolérée à partir du 1er janvier. Une décision ministérielle du 5 août 1886 a repoussé le vœu semblable émis en 1885 ; cette décision s'appuyait sur un avis du Conseil général des ponts et chaussées, d'après lequel on ne peut admettre comme fondée la prétention des pêcheurs de la Loire-Inférieure de pêcher le saumon en tout temps, au détriment de la propagation de l'espèce et des intérêts des pêcheurs des parties supérieures du fleuve, et l'on doit rester dans les termes du règlement du 10 août 1875 et du 18 mai 1878, qui ont interdit la pêche du saumon de la manière la plus absolue, pendant la période du 20 octobre au 31 janvier.

L'emploi de la truble avait, jusqu'à l'année dernière, été autorisé pour la pêche de la chevrette depuis le 1er avril jusqu'au 15 août. Mais une décision de M. le Ministre de la Marine, du 2 novembre 1886, a prohibé, d'une manière absolue, l'usage de cet engin dans les eaux maritimes, attendu que la truble est un instrument destructeur au premier chef qui, en même temps qu'il prend la chevrette, capture et détruit des quantités considérables de poissons n'ayant pas les dimensions réglementaires. Dans nos rapports des 6 juillet et 25 octobre 1887, nous avons proposé d'étendre la même interdiction à la partie de la Loire située en amont du point de cessation de la

salure des eaux. A la suite d'un avis conforme émis dans le procès-verbal de la conférence tenue en novembre 1887 par les Ingénieurs en chef des services de navigation dans le département, l'arrêté préfectoral réglementant la pêche fluviale en 1888, en date du 10 décembre 1887, a prononcé l'interdiction absolue de la truble dans les eaux fluviales ou fluviales mixtes.

SERVICE HYDROMÉTRIQUE ET DE L'ANNONCE DES CRUES.

Le service hydrométrique et de l'annonce des crues dans le bassin de la Loire, fonctionne actuellement, conformément aux dispositions du règlement du 17 mars 1882, approuvé le 13 juin suivant.

Le règlement départemental et le règlement local applicables à Nantes, ont été approuvés par une décision ministérielle en date du 7 avril 1884.

Le nouveau service a commencé à fonctionner pendant l'hiver 1882-1883. Aucune crue inquiétante ne s'est produite depuis cette époque. En 1886, la plus grande hauteur atteinte par les eaux a été de $4^{m},58$.

Pendant la durée des crues, le public a été exactement renseigné sur l'état des eaux en amont de Nantes.

2° Ports maritimes de Nantes et de Paimbœuf.

TRAVAUX D'ENTRETIEN.

Le crédit alloué pour l'entretien de ces ports, en 1888, est de 52,500 fr. D'après la répartition approuvée par le Conseil local, 5,000 fr. sont affectés aux frais généraux du service, 42,500 fr. sont consacrés au port de Nantes et 5,000 fr. au port de Paimbœuf.

L'entretien consiste en travaux de pavage des quais et des cales et travaux de conservation des ouvrages d'art, etc.

Reconstruction de l'estacade en amont de la gare maritime. — Cette estacade a été complètement reconstruite en juillet et août 1887. La dépense totale a été de 13,000 fr.

Prolongement de la cale en amont du pont Haudaudine. — Pendant l'été de 1887, les fondations du mur de quai destiné à prolonger la cale en amont du pont Haudaudine ont été exécutées sur toute leur étendue, le mur de quai lui-même a été terminé sur une longueur de 50 mètres.

Défenses le long des quais de la Fosse. — Des défenses en chêne ont été placées de distance en distance le long des quais de la Fosse, dans toutes les parties où la saillie des fondations rendait dangereux l'accostage des navires.

TRAVAUX D'AMÉLIORATION SUR RESSOURCES EXTRAORDINAIRES.

Reconstruction du quai d'Aiguillon dans le port de Nantes. — Les travaux commencés en 1880 ont été terminés en 1884.

Le chiffre des dépenses accusées pour ce travail s'élève à 602,640 fr. 59 c., y compris une indemnité de 40,000 francs accordée à l'entrepreneur par décision du 19 novembre 1886.

Elargissement du quai des Constructions. — Un décret en date du 20 mai 1880 a approuvé l'élargissement du quai des Constructions sur une longueur de de 242 mètres et a fixé la dépense autorisée à 600,000 fr.

Une longueur de 60 mètres, sur laquelle la Chambre de Commerce désirait établir une grue de 15 tonneaux, a été attaquée en 1882 et terminée en 1883 ; la grue a été mise en place au printemps de 1884. Le montant de la dépense a atteint le chiffre de 103,977 fr. 46 c.

Une décision du 17 juin 1884 a autorisé la continuation du travail sur une longueur de 75 mètres.

Les travaux commencés en 1884 ont été terminés en octobre 1886, et le quai est depuis cette époque livré au commerce. La dépense de cette deuxième section a atteint le chiffre de 179,873 fr. 18 c.

Construction d'un quai vertical à Paimbœuf. — Le quai vertical de Paimbœuf, exécuté de 1879 à 1883, est livré au commerce depuis trois ans déjà. Il est raccordé par une voie ferrée à la gare de Paimbœuf. Une deuxième voie a été projetée par l'Administration des chemins de fer de l'Etat. Un projet présenté par elle, en vue d'obtenir la déclaration d'utilité publique des voies ferrées établies ou à établir sur les quais de Paimbœuf, nous a été transmis le 22 janvier dernier.

Nous avons proposé d'y apporter diverses modifications. Il est en ce moment soumis aux conférences mixtes prescrites par le décret du 16 août 1853. Il y a lieu de surseoir à l'exécution des travaux d'extension jusqu'au jour où le rétablissement des services de la Compagnie transatlantique, qui avait motivé la présentation du projet d'une seconde voie où l'augmentation du trafic général démontrerait l'utilité des travaux.

La Compagnie transatlatique, qui a établi un service régulier bi-hebdomadaire sur Londres, a, sur sa demande, obtenue une place privilégiée à l'extrémité ouest de ce quai.

Il resterait, pour tirer de l'ouvrage tout le parti qu'on en peut attendre, à déraser à l'amont, sur 85 mètres de longueur, un banc de rocher ; il y a lieu d'espérer que ce travail sera entrepris dans un avenir plus ou moins éloigné.

PROJETS DIVERS.

Port de Nantes. — Indépendamment des ouvrages dont nous venons de faire connaître la situation, les Ingénieurs ont préparé divers autres projets pour l'amélioration du port de Nantes, savoir :

Raccordement du nouveau quai des Constructions et du quai d'Aiguillon. — Ce projet est très important. Son exécution donnerait à la chaussée une largeur de 20 et 30 mètres. Il entraîne la coupure d'une partie de la rive nord de l'île Mabon. C'est le complément nécessaire des travaux de reconstruction des quais de Nantes.

Le nouveau quai, le long duquel on trouverait à l'étiage la plus grande profondeur d'eau et qui permettrait de relier par des voies ferrées aux entrepôts de la Chambre de Commerce, le quai d'Aiguillon et le quai des Constructions, est vivement réclamé par le Commerce de Nantes. Il coûtera 1,200,000 fr., sans compter les frais de rescindement de l'île Lemaire.

Quai André Rhuys. — L'établissement d'un quai sur la rive gauche du bras de la Madeleine est un travail important et est également réclamé par le commerce. Il a été classé dans la loi du 5 août 1879. On pourrait le relier facilement au chemin de fer de l'État. Le détail estimatif du projet s'élève à 800,000 fr.

Parmi les autres projets dont on va s'occuper, il faut citer :

L'achèvement complet de la cale en amont du pont Haudaudine jusqu'aux rampes du quai Hoche ;

L'amélioration du quai de l'île Gloriette ;

Le relèvement des cales de Richebourg et du Port-Maillard.

PORT DE PAIMBOEUF.

Prolongement du quai vertical. — Le quai vertical achevé en 1883 ne présente, sur une longueur totale de 190 mètres, qu'une longueur de 105 mètres utilisable pour les grands navires. A son extrémité amont et sur une longueur de 85 mètres, il est, en effet, bordé par un banc de rocher qui ne laisse, à basse-mer, que des profondeurs variant de 0 à 1 mètre. Sur la longueur utilisable, 40 mètres sont continuellement occupés par la Compagnie générale transatlantique. Il ne reste plus, par suite, entre l'extrémité amont de la concession à la Compagnie transatlantique et le banc de rocher dont nous venons de parler, qu'une longueur utilisable de 45 mètres : c'est la place d'un navire. Il n'existe d'ailleurs, dans le port de Paimbœuf, aucun autre emplacement.

Cette situation est très fâcheuse et il convient d'y porter remède, soit en établissant un nouveau quai, soit en sup-

primant le banc de rocher situé devant le quai actuel. D'après des sondages à peine terminés, la seconde solution donnerait lieu à une dépense de plus de 200,000 fr. pour obtenir, à basse-mer, un tirant d'eau de 4 mètres.

Construction d'un bassin à flot. — Le Conseil municipal de Paimbœuf a réclamé la construction d'un bassin à flot. Le projet de l'ouvrage a été dressé dès 1872. La dépense était évaluée à 2,000,000 de francs. Ce projet ne sera mis à l'ordre du jour que lorsque la question de l'allongement du quai sera résolue.

MOUVEMENT DE LA NAVIGATION.

Le tonnage des marchandises importées et exportées dans le port de Nantes, en 1887, en y comprenant les gabares, est de 491,017 tonneaux. Il se répartit ainsi :

Longs-courriers...........	38.945 tx
Caboteurs.................	268.644
Gabares et divers..........	183.428
Ensemble.....	491.017 tx

3° Canal maritime de la Basse-Loire.

La loi du 8 août 1879 a déclaré d'utilité publique l'établissement d'un canal maritime sur la rive gauche de la Loire entre la Martinière et l'entrée du bras du Carnet et a fixé à 20.000,000 de francs les dépenses autorisées.

Ce canal est destiné à remplacer, pour la grande navigation, la section du fleuve comprise entre l'extrémité des digues de Paimbœuf, dans laquelle existent actuellement les seuils les plus élevés et les plus difficiles à entretenir.

Le canal a une longueur totale de 15,064 mètres et est fermé à chaque extrémité par une écluse à sas de 18 mètres d'ouverture libre et de 169 mètres de longueur totale ; le tirant d'eau minimum sera de 5^{m},50 et pourra atteindre exceptionnellement 7^{m},50.

Le canal reçoit les eaux de l'Acheneau ; il les écoulera par un barrage muni de vannes levantes, établi aux Champs-Neufs, vers le milieu de son parcours. Une petite écluse à sas, placée vers le côté est de ce barrage, établira une communication entre le canal et la Loire pour les bateaux de rivière. Un siphon formé de deux tubes de 3 mètres de diamètre, passant sous le canal, fournira aux prairies riveraines les eaux du fleuve destinées à les irriguer.

Travaux en cours d'exécution. — Entreprise Couvreux. — Une décision ministérielle en date du 6 août 1881 a approuvé le projet d'exécution des travaux de terrassements et de maçonneries évalués à 17,650,000 fr. Ces

travaux ont été adjugés le 8 avril 1882 à M. Couvreux, moyennant un rabais de 18 %.

Une nouvelle décision ministérielle en date du 24 mai 1883 a autorisé la modification du système de fondation des écluses et accepté les propositions de M. Couvreux tendant à substituer aux procédés prévus par le cahier des charges l'emploi de l'air comprimé.

Situation des travaux. — Campagne de 1882. — Les travaux ont été commencés au mois de juin 1882. Dans le courant de la première campagne l'entrepreneur a commencé ses installations, établi ses bureaux, construit des baraquements pour loger les ouvriers, des magasins, des débarcadères, ouvert des carrières.

Il a, en outre, attaqué les travaux des Champs-Neufs, la fouille de l'écluse de la Martinière.

Campagne de 1883. — En 1883, les chantiers ont été réorganisés dès le mois de février ; on a poussé vigoureusement les travaux des Champs-Neufs, fondé l'écluse et le barrage de petite navigation, exécuté la fouille du canal aux abords du siphon, terminé les fondations et la mise en place de la partie métallique de cet important ouvrage. On a amorcé la digue du Migron, exécuté les enrochements du cordon extérieur sur 200 mètres aux abords du Carnet. On a terminé la fouille de l'écluse de la Martinière et commencé la fouille de l'écluse du Carnet, exécuté à l'usine une partie des caissons destinés à la fondation de ces deux écluses.

Campagne de 1884. — On avait tout d'abord poussé les travaux avec activité pendant les quatre premiers mois de l'année ; mais l'Administration ayant paru hésiter à continuer l'œuvre commencée, MM. Couvreux, inquiets, arrêtaient leurs installations et restreignaient leurs travaux. Les Ingénieurs ayant signalé à plusieurs reprises le préjudice que causerait aux intérêts de l'Etat un ralentissement dans les travaux, M. le Directeur général voulut bien appuyer une nouvelle combinaison étudiée par la Chambre de Commerce de Nantes, consistant à offrir à l'Etat, avec le concours de la ville de Nantes et du département, une avance de 5,000,000 fr. sans intérêts.

On a travaillé, en 1884, sur quatre chantiers: à l'écluse de la Martinière, aux Champs-Neufs, à la digue du Migron et à l'écluse du Carnet.

Les ouvrages de maçonneries des Champs-Neufs furent à peu près terminés. On commença, dans la prairie des Champs-Neufs, les déblais à sec au moyen de trois excavateurs.

Les travaux de la digue du Migron n'avancèrent qu'avec lenteur.

A l'écluse du Carnet on se borna à continuer l'approfondissement de la fouille et à monter les caissons.

Campagne de 1885. — Le crédit ouvert n'a été que de 600,000 fr. Il a été employé à terminer les fondations de l'écluse de la Martinière et à commencer les maçonneries en élévation.

Les chantiers des Champs-Neufs et celui de la digue ont été fermés.

Au Carnet on a continué le montage des caissons.

Les travaux étaient à peu près arrêtés au moment où la loi du 15 juillet autorisa la Chambre de Commerce de Nantes à contracter un emprunt de 5,000,000 fr. qui devait être versé dans les caisses de l'Etat à raison de 1,000,000 fr. par semestre.

Mais la campagne était trop avancée pour que l'entreprise consentît à une reprise sérieuse des travaux. D'ailleurs, M. Couvreux père, malade, cherchait à céder son entreprise que M. Bord s'engageait, peu de temps après, à continuer au lieu et place de M. Couvreux.

Campagne de 1886. — On a achevé les maçonneries de l'écluse de la Martinière et des ouvrages des Champs-Neufs. On a poussé activement les travaux de la digue du Migron : la moitié du cordon extérieur a été exécutée.

Au Carnet on a mis en place les caissons pour fondations à l'air comprimé.

Campagne de 1887. — On a attaqué les dragages sur trois kilomètres entre l'écluse de la Martinière et le canal de Buzay, repris les déblais à l'excavateur dans les terrains des Champs-Neufs, terminé les canaux d'amenée du barrage et du siphon des Champs-Neufs, achevé le cordon extérieur de la digue du Migron, attaqué les terrassements à sec dans les prairies du Carnet et terminé les fondations de l'écluse du Carnet. On a terminé la grosse œuvre du canal d'irrigation des prairies de Vue et de Buzay.

Les ouvrages métalliques des Champs-Neufs, portes, vannes et appareils de manœuvre, ont été à peu près terminés à l'atelier.

Campagne de 1888. — On terminera les dragages entre la Martinière et le canal de Buzay, l'écluse du Carnet, les ouvrages des Champs-Neufs et le canal d'irrigation ; on continuera les déblais à sec dans les prairies des Champs-Neufs et du Carnet.

Personnel employé sur les travaux. — Le nombre des ouvriers employés a été en 1888 :

Au 31 janvier de..........	1.099
28 février de..........	1.130
31 mars de............	1.014
30 avril de............	1.123

Ces chiffres élevés proviennent de ce que l'entrepreneur exploite lui-même les carrières qui lui fournissent les matériaux nécessaires à la construction de la digue et

des défenses des dépôts de déblais. Le nombre des ouvriers employés en carrière est de 250.

L'entreprise fournit aux ouvriers dans les cas ordinaires les soins médicaux.

Expropriations. — Les acquisitions de terrains sont terminées en ce qui concerne le canal proprement dit ; mais un procès est pendant entre l'État et les riverains du bras de Buzay. Ceux-ci revendiquent une partie des surfaces qui doivent être occupées par le canal dans ce bras.

L'affaire perdue en appel au possessoire devant le Tribunal civil de Paimbœuf a été portée en première instance au pétitoire devant ce même Tribunal.

Les formalités nécessaires pour l'expropriation des terrains nécessaires à l'exécution du canal d'irrigation des prairies de Vue et de Buzay viennent d'être terminées.

Dépenses. — Les dépenses autorisées par la loi du 8 août 1879 s'élèvent à..		20.000.000 f »
Dépenses imputées sur les exercices 1882, 1883, 1884, 1885, 1886 et 1887.............	9.098.651 f 16	
Crédit alloué sur l'exercice 1887 (jusqu'à ce jour)	1.204.000 »	
		10.302.651 16
Reste à imputer sur les exercices suivants		9.697.348 f 84

La situation financière des travaux est résumée dans le tableau ci-après :

Tableau.

DÉSIGNATION DES ENTREPRISES.	MONTANT des dépenses autorisées.	DATES des décisions approbatives.	DÉPENSES imputées antérieurement à 1888.	DÉPENSES à imputer sur l'exercice 1888.	RESTE à imputer sur les exercices suivants.
Terrassements et maçonneries.					
Travaux à l'entreprise.................	15.089.900f »	7 avril 1882..... 24 mai 1883......	8.463.839f33	1.053.000f »	5.573.060f67
Dépenses sur la somme à valoir..........	1.180.000 »	23 novembre 1886. 5 février 1887...	634.811 83	151.000 »	394.188 17
Portes de l'écluse triple.					
Travaux à l'entreprise..................	18.181 57	24 mars 1887.....	10.453 88	6.000 »	1.727 69
Dépenses sur la somme à valoir.........	4.060 86		»	4.000 »	60 86
Maison éclusière de l'écluse triple.					
Travaux à l'entreprise..................	7.297 31	2 mars 1887.....	»	6.300 »	997 31
Dépenses sur la somme à valoir..........	702 69			700 »	2 69
Barrages des Champs-Neufs.					
Travaux à l'entreprise..................	126.413 »	7 avril 1887.....	42.564 72	70.000 »	13.848 28
Dépenses sur la somme à valoir....... ..	8.587 »		5 123 80	3.000 »	463 20
Portes d'écluses des Champs-Neufs.					
Travaux à l'entreprise..................	31.667 10	14 mai 1887......	18.515 45	10.000 »	3.151 65
Dépenses sur la somme à valoir.........	4.353 51		1.400 66	3.000 »	»
Dévasement du bras du Migron.					
Travaux à l'entreprise..................	250.000 »	5 avril 1888.....	»	250.000 »	»
Estimations des terrains........	7.000 »	26 mars 1887.....	4.415 43	2.000 »	584 57

4° Amélioration de la vallée de l'Acheneau.

Le programme des travaux d'amélioration de l'Acheneau a été arrêté par décret du 16 mai 1881, conformément aux propositions formulées par notre prédécesseur dans son rapport du 17 novembre 1879.

Il comprenait :

1° La construction de la nouvelle écluse de Buzay évaluée à 150,000 fr. qui devait être faite à l'aide de ressources prélevées sur les fonds destinés à la construction du canal maritime de la Basse-Loire.......	Pour mémoire.
2° Les terrassements et les ouvrages d'art du canal de Buzay évalués à......	490.000 f »
3° Les terrassements et dragages de l'Acheneau, du canal de la rive orientale du lac de Grand-Lieu, de l'Ognon, de la Boulogne et du Tenu et l'agrandissement du pont de Port-Saint-Père............	810.000 »
Total.......	1.300.000 f »

La dépense autorisée était de 1,600,000 fr. se composant comme suit :

Coût des travaux portés ci-dessus sous les numéros 2 et 3..................	1.300.000 f »
Somme à valoir..................	213.000 »
Acquisitions de terrains.............	85.000 »
Total.......	1.598.000 f »

Cette dépense de 1,600,000 fr. en nombre rond devait être répartie entre l'Etat et les intéressés, savoir :

A la charge de l'Etat...............	1.415.000 f »
— des intéressés..........	185.000 »
Total.......	1.600.000 f »

MESURES PRISES POUR RÉALISER CE PROJET.

1° *Entreprise Nouteau.*

L'Administration s'est proposée tout d'abord de réaliser les deux premières parties du programme qui vient d'être défini.

Par décision du 8 avril 1882, elle a approuvé le projet

de terrassements et de maçonneries présenté par M. Joly, le 27 février de la même année.

Le détail estimatif de ce projet se résumait ainsi :

Travaux à l'entreprise................	650.000 f »
Somme à valoir......................	120.000 »
Total.............	770.000 f »

Les frais d'acquisition de terrains et le montant des indemnités pour dommages étaient d'ailleurs évalués à 40,000 fr.; de telle sorte que la dépense autorisée s'élevait, au total, à 810,000 fr.

Les travaux ont été adjugés à M. Nouteau, le 8 juillet 1882, moyennant un rabais de 18 %.

La dépense autorisée s'est trouvée, par suite, réduite, en ce qui concerne les travaux, à 653,000 fr., savoir :

Travaux à l'entreprise................	533.000 f »
Somme à valoir......................	120.000 »
Total.............	653.000 f »

Plus tard, l'Administration a reconnu la nécessité de reconstruire le pont de Messan qui, dans le programme du 17 novembre 1879, devait être démoli purement et simplement.

Elle a, en conséquence, approuvé, le 28 avril 1882, le projet présenté le 26 février précédent.

Elle a, en même temps, décidé que les terrassements et les maçonneries de l'ouvrage seraient exécutés par le sieur Nouteau aux conditions de son entreprise principale.

Ce projet s'élevait à 53,000 fr., savoir :

1° *Terrassements et maçonneries.*

(Rabais de 18 % déduit).

Travaux à l'entreprise................	30.000 f »
Somme à valoir......................	3.000 »
Total............	33.000 f »

2° *Travée métallique.*

Travaux à l'entreprise................	18.200 f »
Somme à valoir......................	1.800 »
Total............	20.000 f »

La dépense totale des terrassements et des maçonneries

confiés à M. Nouteau se trouvait ainsi portée définitivement au chiffre de 686.000 fr., se décomposant comme suit :

Travaux à l'entreprise................	563.000 f »
Somme à valoir......................	123.000 »
Total égal........	686.000 f »

Entreprise Leblanc, Georgi et Cie. — Par décision du 5 août 1884, M. le Ministre des Travaux publics a approuvé le projet des ouvrages de fermeture de l'écluse et du barrage de Buzay présenté par notre prédécesseur le 17 juillet 1884.

La dépense était évaluée à 40,000 fr., savoir :

A l'entreprise......	37.000 f »
Somme à valoir	3.000 »
Total.............	40.000 f »

Ces travaux ont été adjugés à MM. Leblanc, Georgi et Cie, moyennant un rabais de 14 %.

La dépense s'est trouvée, par ce fait, réduite à 34,820 fr. savoir :

A l'entreprise	31.820 f »
Somme à valoir......................	3.000 »
Total.................	34.820 f »

Entreprise Bichon. — Par décision du 2 mars 1887, M. le Ministre des Travaux publics a approuvé le projet de construction d'une maison éclusière pour l'écluse de Buzay, présenté le 18 janvier 1887.

La dépense était élevée à 16,750 fr., savoir :

A l'entreprise.......................	15.256 f 72
Somme à valoir......................	1.493 28
Total..............	16.750 f »

Ces travaux ont été adjugés à M. Bichon le 20 avril 1887, moyennant un rabais de 3 %.

La dépense s'est alors trouvée réduite à 16,292 fr. 30 c., savoir :

A l'entreprise.......................	14.799 f 02
Somme à valoir......................	1.493 28
Total..............	16.292 f 30

Tablier métallique du pont de Messan. — Le projet de la travée métallique du pont de Messan a été approuvé par décision ministérielle en date du 23 novembre 1886.

La dépense était évaluée à 18,000 fr., savoir :

A l'entreprise........................	14.277 f »
Somme à valoir........................	3.723 »
Total.............	18.000 f »

Les travaux ont été adjugés, le 13 juillet 1887, à la Société anonyme des Forges de Franche-Comté, moyennant un rabais de 24 %. La dépense autorisée n'a pas été dépassée.

Projets. — Les études du projet définitif des terrassements et dragages de l'Acheneau, du canal de la rive orientale, du lac de Grand-Lieu, de l'Ognon, de la Boulogne et du Tenu ne sont pas encore commencées.

Toutefois, on exécutera, dans le courant de l'été, les études relatives à l'amélioration de l'Acheneau entre le lac de Grand-Lieu et Messan. Un crédit de 8,000 fr. a été ouvert pour ces études.

CHANGEMENTS APPORTÉS PAR CES MESURES DANS LES CONDITIONS GÉNÉRALES DU PROJET D'AMÉLIORATION.

La décision prise par l'Administration de reconstruire le pont de Messan, qui n'était pas prévu à l'avant-projet du 17 novembre 1879, a eu pour effet de porter à 1,653,000 fr., le chiffre total des dépenses autorisées pour l'amélioration de l'Acheneau.

Cette somme se répartit comme suit :

1° Construction de la nouvelle écluse de Buzay qui doit être faite au compte de l'entreprise du canal maritime. Dépense autorisée : 150,000 fr..................	Pour mémoire.
2° Terrassements et ouvrages d'art du canal de Buzay. Dépense autorisée.......	590.820 f »
3° Terrassements et dragages de l'Acheneau, du canal de la rive orientale du lac de Grand-Lieu, de l'Ognon, de la Boulogne et du Tenu et agrandissement du pont de Port-Saint-Père......................	1.022.180 f »
A ajouter pour acquisitions de terrains et dommages........................	40.000 »
Total égal.........	1.653.000 f »

Cette somme de 1,653,000 fr. doit d'ailleurs être

répartie entre l'Etat, les intéressés et le département de la Loire-Inférieure, savoir :

A la charge de l'Etat	1.450.000 f	»
— des intéressés	185.000	»
— du département	18.000	»
Total égal	1.653.000 f	»

SITUATION DES TRAVAUX.

1° *Terrassements et maçonneries.* — On a prévu que les travaux du canal de Buzay seraient exécutés, en partie à sec dans une fouille épuisée, en partie à la marée. Ils ont été commencés dans le mois de juillet 1882, mais l'été et l'automne ont été extrêmement pluvieux et on n'a pas pu, comme on l'avait projeté, barrer le canal de Buzay.

L'entrepreneur s'est borné à enlever une partie des déblais situés au-dessus des basses eaux entre Buzay et le Pont-Rouge et à faire ses approvisionnements.

En 1883, les chantiers n'ont pu être mis en pleine activité qu'après la fermeture du canal de Buzay dans les derniers jours de juillet.

On a attaqué dans la campagne exclusivement la section comprise entre l'ancienne et la nouvelle écluse de Buzay. On a pu, dans cette période, enlever un cube de 8.000 mètres de rocher et fonder complètement le barrage éclusé.

En 1884, le canal de Buzay a été fermé le 3 juillet. Grâce à la forme donnée aux batardeaux, les travaux ont pu être repris dans la fouille épuisée dès le 7, et ont été poursuivis jusqu'au 10 décembre. La sécheresse de l'été a permis de les pousser très activement. On a terminé la section comprise entre le barrage et la vieille écluse de Buzay, compléter l'enlèvement du rocher dont le cube s'élève à 22,000 mètres, construit les ponts Rouge et de Buzay, poussé les terrassements sur 800 mètres.

240 ouvriers ont été, en moyenne, employés sur les chantiers pendant la période d'épuisement.

En 1885, le canal de Buzay a été fermé le 22 juillet seulement. La saison n'a point été favorable, l'automne surtout a été fort pluvieux. On a poussé les terrassements jusqu'au pont Rouge, et encore, sur une longueur de 400 mètres immédiatement à l'aval de ce pont, ne sont-ils pas terminés complètement.

Le pont de la chaussée Le Retz, sur la route nationale n° 23, a été démoli et reconstruit. On a démoli également la vieille écluse de Buzay.

Enfin on a posé les portes et vannes du barrage de la nouvelle écluse.

A la fin de la campagne, au commencement de décembre, une crue de l'Acheneau, provoquée par les pluies continues des 5, 6, 7 et 8 décembre, a détruit le batardeau en terre situé en amont à Messan. Les eaux ont envahi complètement le canal. Il a fallu enlever, dans ces conditions, la partie mobile du batardeau aval de Buzay et décintrer le pont de la chaussée Le Retz. Nous n'avons eu à regretter qu'un seul accident : un des ponceaux sur lesquels la route nationale n° 23 franchit, immédiatement après le pont de la chaussée Le Retz, les douves de dessèchement des prairies de Rouans, a été affouillé par les eaux et s'est écroulé le 16 décembre.

La circulation a été interrompue sur la route nationale, pour les voitures, depuis ce jour jusqu'au 7 janvier 1886.

On s'est d'ailleurs mis en mesure d'enlever complètement le batardeau à l'aval de Buzay. Ce travail long et pénible n'a été terminé que le 11 mars 1886.

En 1886, on s'est borné à exécuter, du mois de janvier au mois de juillet, quelques travaux de parachèvement consistant : 1° dans l'achèvement des murs de soutènement et de divers perrés; 2° dans l'achèvement du pont de Buzay, du pont Rouge et du pont de la chaussée Le Retz.

La fermeture du canal a été retardée par l'abaissement lent des eaux de la vallée et n'a pu être opérée que le 26 juillet à l'amont et le 3 août à l'aval. On a rétabli à l'amont, comme les années précédentes, le batardeau provisoire en poutrelles de l'écluse de Messan, afin de pouvoir construire un batardeau en terre à 80 mètres en aval.

L'épuisement du canal, commencé immédiatement après la pose des batardeaux, a été très long à cause des pluies continues survenues à cette époque.

Ce n'est que le 25 août que ce travail a pu être terminé et que les chantiers ont pu être définitivement organisés.

Dès les premiers jours d'août cependant, quatre chantiers avaient été installés en amont du pont Rouge.

Le mois de septembre a été très beau et l'entrepreneur a déployé beaucoup d'activité. Le cube enlevé pendant ce mois a dépassé 20,000 mètres.

On espérait achever promptement le travail lorsque, dans les premiers jours d'octobre, le temps se mit à la pluie. Tout espoir de terminer l'entreprise en 1886 fut bien vite perdu. A la fin d'octobre, deux chantiers seulement pouvaient encore travailler.

La campagne, en somme, a été peu fructueuse. On a extrait environ 50,000 mètres de déblais de toute nature.

En 1887, on a achevé complètement l'extraction des déblais par voie de dragages; on a démoli, puis reconstruit le pont de Messan, le seul ouvrage à faire sur le canal; enfin, on a construit la maison éclusière de Buzay.

Actuellement les travaux d'amélioration du canal de Buzay sont complètement terminés.

SITUATION DES DÉPENSES.

Les dépenses faites pour terminer l'entreprise Nouteau dépassent de 326,000 fr. les dépenses prévues.

Cette augmentation de dépenses a été approuvée par décision ministérielle en date du 25 octobre 1886.

Les dépenses faites pour la construction des portes, vannes et appareils de manœuvre du barrage éclusé de Buzay se sont élevées à......... 37.332f 22

Les dépenses prévues étaient de......... 34.820 »

L'augmentation de.................... 2.512f 22

a été approuvée par décision ministérielle du 24 février 1887.

Les augmentations de dépenses qui viennent d'être signalées seront supportées entièrement par l'Etat.

Elles auront pour effet de modifier comme suit le programme général des travaux d'amélioraton de l'Acheneau :

1° Construction de la nouvelle écluse de Buzay, évaluée à 150,000 fr., au compte du canal maritime de la Basse-Loire, 150,000 fr....................	Pour mémoire.
2° Terrassements et ouvrages d'art du canal de Buzay......................	1.012.000f »
3° Terrassements et dragages de l'Acheneau, du canal de la rive orientale du lac de Grand-Lieu, de l'Ognon, de la Boulogne et du Tenu et élargissement du pont de Port-Saint-Père...........	601.000 »
A ajouter pour les acquisitions de terrains et les indemnités pour dommages.	40.000 »
Total de la dépense autorisée..	1.653.000f »

Cette dépense devra d'ailleurs être répartie entre l'Etat, les intéressés et le département, savoir :

A la charge de l'Etat.................	1.450.000f »
— des intéressés...........	185.000 »
— du département de la Loire-Inférieure.....................	18.000 »
Total......	1.653.000f »

La subvention du département a été versée dans les caisses de l'Etat.

5° Service maritime de la partie du littoral au sud de la Loire.

Ce service comprend :

1° L'entretien des petits ports situés sur le littoral, depuis la limite du département de la Vendée jusqu'à l'embouchure de la Loire ;

2° La défense des côtes ;

3° Les travaux d'amélioration de l'embouchure du Dain.

TRAVAUX D'ENTRETIEN.

Le crédit alloué en 1888 pour l'entretien des petits ports situés sur le littoral est de 7,500 fr.

Il est insuffisant, aussi la plupart des ouvrages sont-ils en mauvais état.

Il serait à désirer qu'une augmentation de 2,000 fr. fût accordée chaque année.

TRAVAUX NEUFS ET DE GROSSES RÉPARATIONS.

Etier du Collet. — Un crédit de 2,000 fr. a été ouvert en 1888 pour l'étier du Collet. Il sera employé à réparer l'écluse et les perrés situés en aval et à payer le salaire du cantonnier éclusier chargé de la manœuvre de cette écluse.

Les travaux sont exécutés en régie.

Digue des Moutiers. — L'état de la digue des Moutiers est loin d'être satisfaisant. Il nous a été alloué un crédit de 4,000 fr. pour effectuer les réparations les plus urgentes.

Dévasement du port de Pornic. — Un projet de dévasement du port de Pornic, s'élevant à 8,000 fr., a été approuvé par décision ministérielle en date du 11 novembre 1886. Les travaux ont été adjugés le 2 mars 1887 au sieur Hersant, sans rabais. La dépense autorisée s'élevait par suite à 8,000 fr., savoir :

Entreprise	7.765 f 55
Régie	234 45
Total	8.000 f »

Les travaux ont été poussés avec vigueur et bientôt terminés.

La dépense s'est élevée à 8,000 fr., savoir :

Entreprise	7.767 f 55
Régie	232 45
Total égal aux dépenses autorisées	8.000 f »

L'entreprise est aujourd'hui complètement liquidée et soldée.

Réfection des portes d'écluse et des vannes de chasse du canal de Haute-Perche. — Un projet de réfection des portes d'écluse et des vannes de chasse du canal de Haute-Perche s'élevant à 20,000 fr. a été approuvé par décision ministérielle en date du 28 février 1888.

La dépense se compose comme suit :

Portes d'écluses.		
Entreprise................	11.982f 37	
Somme à valoir...........	3.017 63	
		15.000f »
Vannes de chasse.		
Entreprise................	3.162f 59	
Somme à valoir...........	1.837 41	
		5.000 »
Total général.............		20.000f »

Par dépêche en date du 30 avril dernier, M. le Ministre nous a ouvert, pour l'exécution de ces travaux, un premier crédit de 10,000 fr. L'adjudication va avoir lieu le 20 juin 1888.

Epis du Collet, de la Bernerie et de la Noveillard. — Un crédit de 2.000 fr. a été ouvert sur l'exercice 1888, pour les réparations de ces ouvrages.

PROJETS.

Amélioration du port de Pornic. — Un projet d'amélioration du port a été soumis à l'Administration en 1883. Une décision ministérielle, en date du 23 juillet 1883, a approuvé partiellement ce projet, en réclamant un ensemble de formalités qui sont actuellement terminées. On s'occupe de dresser le projet définitif.

Ce projet comprendra la rectification du chenal, la construction d'un môle d'abri au droit du môle Le Retz et le prolongement du quai de Gourmalon, sur une longueur de 50 mètres, avec cale de raccordement et la grève à la suite.

Petit port d'abri aux abords de l'écluse du Collet. — Ce petit port, réclamé par le Conseil général, devait être destiné à créer un abri aux barques des pêcheurs de Bourgneuf qui en sont privés depuis la construction du barrage du Dain.

Le projet s'élevant à 12.200 fr. a été soumis à l'Admi-

nistration supérieure. Celle-ci, par une décision en date du 9 mars 1888, a déclaré qu'il n'y avait aucune suite à donner à ce projet.

Construction d'un troisième épi en charpente aux abords du port du Collet. — L'exécution de cet ouvrage, qui avait été prévu dans les travaux d'amélioration de l'étier du Dain, est réclamée par les intéressés et le Conseil général.

Le projet dressé ne paraît pas pouvoir être soumis utilement à l'Administration supérieure, en ce moment.

La dépense est évaluée à 2,800 fr.

Travaux de défense des côtes. — Les ouvrages destinés à protéger la côte, comprennent : 1° à la Bernerie, un petit môle et des perrés ; 2° aux Moutiers, deux digues, la digue de Bourg, de 335 mètres de longueur, la digue de Mainselles, de 850 mètres de longueur.

La digue de Mainselles, attaquée par la tempête du 29 septembre 1882 et consolidée depuis cette époque, a subi de nombreuses avaries. La mer corrode la plage vaseuse et il est à craindre qu'on ne soit entraîné à de nouvelles dépenses importantes pour entretenir cette digue.

Les travaux destinés à arrêter la corrosion consisteront dans le perreyage du talus intérieur de la digue, dans l'établissement d'un drain latéral à l'ouvrage destiné à recueillir les eaux qui l'ont franchi et à les écouler vers le marais, et dans la construction de deux épis en charpente, l'une à l'extrémité sud de la digue, l'autre à 372^{m},40 plus loin vers le sud, au droit du village de Lierne.

Deux projets, dont la dépense s'élève ensemble à 20,500 francs, seront soumis à l'Administration supérieure, aussitôt que les circonstances le permettront.

Réparations des avaries causées par la tempête des 29, 30 et 31 mars 1888. — Une violente tempête qui a sévi, sur le littoral, du 29 au 31 mars dernier, a causé de sérieux dégâts aux ouvrages. Elle a détruit l'épi de la Bernerie et causé de graves avaries à la digue des Moutiers et au quai de Gourmalon à Pornic.

Les projets de grosses réparations qu'il est nécessaire d'effectuer pour réparer ces avaries seront adressés sous peu à l'Administration supérieure.

6° Travaux d'amélioration de l'embouchure du Dain.

Ces travaux, rattachés au service maritime par une décision ministérielle du 17 juin 1881, dépendent du Ministère de l'Agriculture et du Commerce.

Ils ont été déclarés d'utilité publique par un décret du 17 octobre 1878 et sont terminés et soldés. Les dépenses ont été arrêtées à la somme de 611,574 fr. 20 c.

Les syndicats riverains devaient contribuer aux travaux pour une somme de 120,000 fr., le département de la Loire-Inférieure pour 25,000 fr. Une décision du 26 décembre 1884 a réduit à 13,000 fr. la part du syndicat de Bois-de-Cené (Vendée).

Le département de la Loire-Inférieure a exécuté directement le pont du Collet, figurant sur le détail estimatif pour une somme de 7,000 fr.; il a versé le complément de sa subvention, soit 18,000 fr. Ce complément sera sans doute réclamé pour permettre l'achèvement de la chaussée reliant la Loire-Inférieure à la Vendée.

Le Conseil municipal de Bouin (Vendée) a, dans sa séance du 20 juin 1886, demandé que le barrage de l'ancien lit du Dain qui doit livrer passage à un chemin vicinal reliant la commune de Bourgneuf à celle de Bouin, soit promptement achevé.

Ce travail était compris dans le programme d'amélioration du Dain. Son exécution avait été ajournée jusqu'à ce que les tassements constatés dans le barrage eussent complètement cessé. On peut, sans inconvénient, le faire aujourd'hui. Un projet est en préparation.

Nantes, le 23 juin 1888.

L'Ingénieur en chef,

E. LEFORT.

Mme ve Camille MELLINET, imp. — L. MELLINET et Cie, sucrs.

www.ingramcontent.com/pod-product-compliance
Ingram Content Group UK Ltd.
Pitfield, Milton Keynes, MK11 3LW, UK
UKHW012111240726
13965UKWH00004B/1708